AF268319

RÉCIT SUR LES LIEUX SAINTS DE JÉRUSALEM

TRADUIT D'UN TEXTE SLAVON DU XIVᵉ SIÈCLE

—

Il y a à la bibliothèque de l'université de Gand un manuscrit slavon (n° 408, 7 suppl.), portant la date de 1360. Il contient un *Recueil de vies de saintes femmes*, suivies d'une courte description des Lieux Saints de la Palestine. L'épilogue nous apprend que ce recueil a été fait à Viddin (Bdin) pour la tsarine Anne, femme de Jean Sracimir, dernier empereur bulgare. Le ms. se compose de 237 feuilles in-8, dont chaque page a 18 lignes.

La langue du ms. n'offre rien de particulier; on la retrouve dans tous les monuments littéraires du XIVᵉ s., de rédaction serbe. Les pièces contenues dans le *Recueil* sont les suivantes;

1, p. 1. — Fragment de la *Vie d'Abraam qui a converti sa nièce.*

2, p. 35, 18 sept. — *Légende de sainte Théodora.*

3, p. 71, 24 sept. — *Martyre de s. Thècle.*

4, p. 115, 14 oct. — *Martyre de s. Parascève* (Petka).

5, p. 143, 4 déc. — *Martyre de s. Barbe et de s. Julienne.*

6, p. 154, 17 juillet. — *Martyre de s. Marine* (Marguerite).

7, p. 212. — *Vie de la vénérable Thaïs.*

8, p. 212. — *Vie de la bienheureuse impératrice Théophano.*

9, p. 229, 25 sept. — *Vie de s. Euphrosyne, surnommée Smaragde.*

10, p. 251, 15 nov. — *s. Catherine martyre.*

11, p. 277, 21 déc. — *Martyre de s. Julienne.*

12, p. 313, mois d'avril. — *Vie de s. Marie l'Égyptienne.*

13, p. 371, 15 juin. — *Vie de s. Euphrasie.*

14, pp. 468-473. — *Récit sur les Saints Lieux de Jérusalem.*

A la fin du récit on lit l'épilogue suivant:

« Par le bon plaisir du Père, l'opération du Fils, et le secours du s. Esprit, du
» temps du pieux et très-haut autocrate, Jean Sracimir, tsar des Bulgares et des
» Grecs, grâce aux soins de la pieuse et illustre tsarine Anne et par ses ordres, a
» été écrit ce volume nommé *Synaxaire des saintes femmes, vénérables et martyres.*
» Qu'il contribue à l'affermissement du règne du tsar, de la tsarine et de leurs

» enfants, à la santé de leur corps et au salut de leurs âmes. Écrit dans la ville
» de Bdin (Viddin), l'an 6868 (1360). Gloire à Dieu dans les siècles. Amen. »

Un spécimen du texte slavon a été publié par moi en 1882 aux frais de la So-
ciété impériale des anciens textes dans ses *Monuments* (russes) *d'ancienne littérature
et art*, n° XIV (S. Pétersbourg, Imprimerie synodale, 28 pp. in-4°; 5 fac-simile).
— Le *Récit sur les Lieux Saints* y occupe les pp. 17-28.

Je n'entre dans aucun détail sur la valeur géographique et archéologique, ni sur
l'âge exact de cette petite description. Je crois seulement devoir faire remarquer
que presque tous les renseignements qui s'y trouvent concordent avec ceux que
nous donnent Daniel l'Hégoumène (1113)[1] et *Étienne de Novgorod* (1350).

J. Martinov, S. J.

D'abord, en montant à Jérusalem, on rencontre la grotte de David
où il a composé le psaltérion et la harpe; de là on va à l'église du
Christ laquelle n'a pas de faîte; au milieu se trouve le sépulcre du
Seigneur ayant trois portes pour entrer et sortir. En y entrant, on
voit la pierre que l'ange du Seigneur avait écartée du sépulcre, et une
porte basse par où on passe vers le saint Sépulcre pour adorer
le lieu où reposait le corps du Seigneur. Le milieu de cette église
est placé à l'endroit du nombril de la terre. A gauche se trouve la
porte l'ange avait défendu l'entrée à Marie l'Égyptienne; puis l'endroit où est la vénérable croix, et où Marie Madeleine avait vu le
Seigneur ressuscité; ensuite, la prison du Christ, où on le frappait
à la tête, en l'insultant, et lui crachant au visage, et où on lui
posa sur la tête la couronne d'épines.

Plus loin, le Golgotha, l'endroit du crâne d'Adam, là où la terre
en s'ouvrant a reçu le précieux sang sortant du côté percé du Seigneur; en outre l'endroit où était plantée la croix et où le Seigneur
en a été descendu, le même où Abraham avait voulu sacrifier son
fils Isaac et où on a partagé les vêtements [du Christ].

Derrière le Golgotha se trouve le lieu de l'invention de la croix,
et de la résurrection de la fille sur laquelle on l'avait posée.

Près de l'église, vers l'orient, repose s. Cyriaque, là où la Mère de
Dieu pleurait son fils au moment de son crucifiement. Plus loin, la
maison des saints Côme et Damien, vers l'orient les traces des pieds
de la s. Vierge et l'endroit où fut guérie la femme hémorrhoïsse.

Ensuite, la maison de Joachim et d'Anne, où naquit la s. Vierge
et où se trouve aussi son tombeau, ainsi que la Piscine Probatique
où Jésus-Christ a guéri le paralytique.

---

1 Ed. Noroff, S. Pétersb., 1864, 4°.

Dans la cour de Salomon, ou Saint des Saints, se voit la pierre sur laquelle dormit Jacob, lorsqu'il vit l'échelle fixée à terre et s'élevant jusqu'aux cieux, et les anges de Dieu montant et descendant. La pierre porte les vestiges de l'ange.

C'est là que le Seigneur, encore enfant, a été apporté au temple et pris dans les bras par le juste Siméon, dont on y voit le tombeau; c'est là encore qu'a été introduite la sainte Vierge, et qu'elle a été nourrie par les Anges.

On voit là, en outre, la grotte où fut tué Zacharie et où est son tombeau. Jésus-Christ y disputa avec les prêtres juifs et chassa du temple les gens qui y vendaient des béliers et des pigeons, et renversa leurs tables.

Là se trouve encore l'arbre appelé *anacavi*, sous lequel Jésus-Christ lisait l'Évangile. Plus loin, la porte par où il entra le jour des Rameaux et dont on voit les anneaux; c'est là que Pierre et Jean ont guéri le boîteux.

Dans la cour de Salomon, il y a le berceau de J.-Christ, les langes et la cuvette.

En suivant le chemin de Sion, on rencontre une croix en pierre, à l'endroit où le Seigneur a guéri l'aveugle en lui frottant les yeux avec de la boue, et où on a trouvé la robe de la s. Vierge; ensuite, la prison de s. Pierre. Tous ces lieux sont au dedans de Jérusalem.

Voici ce qui est au dehors: la sainte montagne de Sion, où sont le lieu et l'église appelés Lithostrate, où Pilate livra Jésus au crucifiement, après l'avoir flagellé, et où Jean le théologien avait sa maison; dans la grande église est la couche sur laquelle la Mère de Dieu est morte, et la pierre de la montagne de Sion apportée par l'ange pour sa tombe. Au Cénacle, il y a la sainte table sur laquelle N. S. a célebré la cène avec ses disciples; c'est là que le s. Esprit est descendu sur les Apôtres le cinquantième jour, que le Seigneur a lavé les pieds des disciples, que Thomas a touché les plaies du Sauveur, que les apôtres ont élevé au diaconat le protomartyr Étienne, dont le tombeau existe encore du côté du nord.

Au dessous de Sion il y a le village du potier et la piscine de Siloam, la vallée de Josaphat et la grotte du repentir de Pierre avec ses chaînes; en bas, le tombeau de s. Jacques, frère du Seigneur; plus haut, l'endroit où le Seigneur fit sa prière au Père et sua le sang.

Là aussi coule le ruisseau de Cédron, auprès duquel le Seigneur a été pris pour être crucifié, ainsi que l'endroit où il fit trembler la montagne pendant que ses disciples dormaient. Puis vient la sainte Gethsémani, puis le tombeau de la Mère de Dieu. Plus haut est le lieu où Étienne, premier martyr, a été lapidé, celui d'où le Seigneur monta au ciel et où se trouve le tombeau de s. Pélagie, ainsi que l'endroit où le Sauveur s'est reposé allant au Jourdain, et celui où il enseigna aux disciples *Notre Père*.

En allant à Béthanie, on passe par l'endroit où N. S. est monté sur l'ânesse pour entrer au Jourdain [2]. A Béthanie, on a le tombeau de s. Lazare et de ses sœurs Marie et Marthe; en allant au *suppedaneum* du Seigneur on voit la grotte avec les reliques des ss. pèlerins massacrés par le roi Chosroès, ensuite le *suppedaneum* lui-même du Seigneur; et en bas, la maison de Zacharie où naquit Jean le précurseur, d'où Élisabeth se rendit dans les montagnes avec son enfant, Jean.

En suivant le chemin de Bethléhem, il y a d'abord le tombeau de Rachel, mère de Joseph le Beau; à Bethléem, la grotte où naquit Jésus-Christ, avec la crèche dans laquelle il avait été posé; l'endroit où il demeurait avec sa mère lors de l'arrivée des mages, le puits étoilé et le tombeau des ss. Innocents mis à mort pour J.-Christ par le roi Hérode; au-delà de Bethléhem, vers l'orient, l'endroit où la Mère de Dieu se sentit malade [3], où l'ange annonça aux pasteurs la naissance de Jésus-Christ.

Plus loin, au village du prophète, gît s. Chariton et sont les tombeaux des prophètes.

Dans la terre de Chanaan, il y a le chêne sous lequel la s. Trinité avait apparu à Abraham, et le puits du serment.

Dans la ville de Hérbon [4], sont les ossements de Joseph le Beau et la double grotte avec six tombeaux, d'Abraham, d'Isaac, de Jacob et de leurs femmes Sarah, Rébecca et Anne. Non loin de Hébron se trouve la grotte où Dieu, ayant pris de la terre, a formé Adam, puis le tombeau du juste Loth et la colonne de sel en laquelle avait été changée sa femme.

En allant à la laure on voit d'abord le monastère de s. Théodose, où reposent avec lui sa mère, celle de s. Sabas, le patriarche de Jérusalem et de s. Antoine. Dans la laure même reposent s. Sabas, et plusieurs autres saints. Il y a là l'image de la s. Vierge qui s'était formée d'elle-même, vers l'orient; puis l'endroit où le Sauveur se fit baptiser par Jean, où la Mère de Dieu rencontra s. Sabas; non loin de là, on entend la chûte des eaux du Jourdain.

En prenant le chemin du Jourdain, on y voit l'endroit où repose s. Euthyme, et sur la route une montagne rouge, appelée *Havrouta* (?), où Caïn avait tué son frère Abel; vers la gauche, le désert de Chozive, où Joachim pleurait la stérilité de sa femme, et où l'ange lui annonça la naissance de la Mère de Dieu.

---

2 Lisez : *à Jérusalem.*   4 Hébron.
3 C.-à-d. *près d'accoucher.*

Plus loin, le désert où N. S. a jeûné quarante jours et quarante
nuits, puis l'eau du prophète Élie, douze pierres des fils d'Israël, à
Jéricho; la maison de Zacchée, et l'endroit où Josué a vu l'archange
Michel; puis le couvent de Jean Chrysostôme, celui de N. D. de Ca-
limone, les vestiges de s. Gérasime qui se servait des lions du désert, ensuite (le monastère) de Jean le précurseur.

Plus haut, le mont Hermon et l'église de la s. Trinité ainsi que
la maisonnette élevée à l'endroit où J.-Christ fut baptisé par Jean.
Là est le saint Jourdain.

De l'autre côté du Jourdain, il y a trois grottes, de s. Jean, de
s. Marc et de s. Élie; à Arimathie, le tombeau de Samuel; ensuite
Emmaüs où le Seigneur se fit connaître à Luc et Cléophas dans
la fraction du pain; Lydde avec le tombeau de s. Georges; Jaffa
où s⁺ Pierre a vu le linceul descendu du ciel; Césarée avec le
tombeau de s. Cornélius et l'île (?) de s. Martin; au Mont-Carmel,
on montre le siège de s. Élie, et sous la montagne, sa grotte plus bas
que le Cisson; à Nazareth, où l'archange a annoncé à la s. Vierge
la naissance du Fils, le tombeau de Joseph, époux de Marie; au
Thabor, où N. S. s'est transfiguré, la grotte de Melchisédech.

Puis Cana de Galilée, où, pendant les noces, l'eau a été changée
en vin; au-dessous du mont Galiléen, la mer de Tibériade; il y a là
beaucoup de bains, ainsi que le pont de Mathieu sur lequel celui-ci
percevait la taxe.

Le fleuve qui coule sous ce pont s'appelle Tibériadi; en s'unissant
à l'Erdan qui vient de la montagne, il prend le nom de Jourdain.
Plus loin, sont les trois bains, de N. S., de sa Mère et de Jean.

Au-dessous de Tibériade, est la colline d'où l'on jeta s. Georges,
et sur la colline, la grotte où N. S. sautait avec les enfants juifs;
là se trouve aussi le monastère de s. Marc; plus bas, la maisonnette
de N. S., les maisons de s. Jean et de s. Pierre et l'église de la Mère
de Dieu, et de l'autre côté de la ville, l'église de s. Michel, où
J.-Christ avait dit aux disciples de jeter les filets qui amenèrent 153
gros poissons; puis l'église de s. Nicolas, à l'endroit où N. S., appa-
raissant aux disciples, leur montra du pain et du poisson.

Ensuite, la maison de Marie-Madeleine, ainsi que son tombeau,
puis la maison de la belle-mère de Pierre, la grotte du Christ, trois
salines, et l'endroit où N. S. a nourri cinq mille hommes, ainsi
que celui où il a rassasié autant de monde avec sept pains.

Plus loin, on voit Capharnaüm, où N. S. ressuscita le fils de la
veuve, et la ville de Naïm, où il opéra plusieurs miracles.

En toutes choses louons Dieu en trois personnes, Père, Fils et
s. Esprit, maintenant et toujours dans les siècles des siècles.

GÊNES — Imprimerie de l'Institut Royal des Sourds-muets.

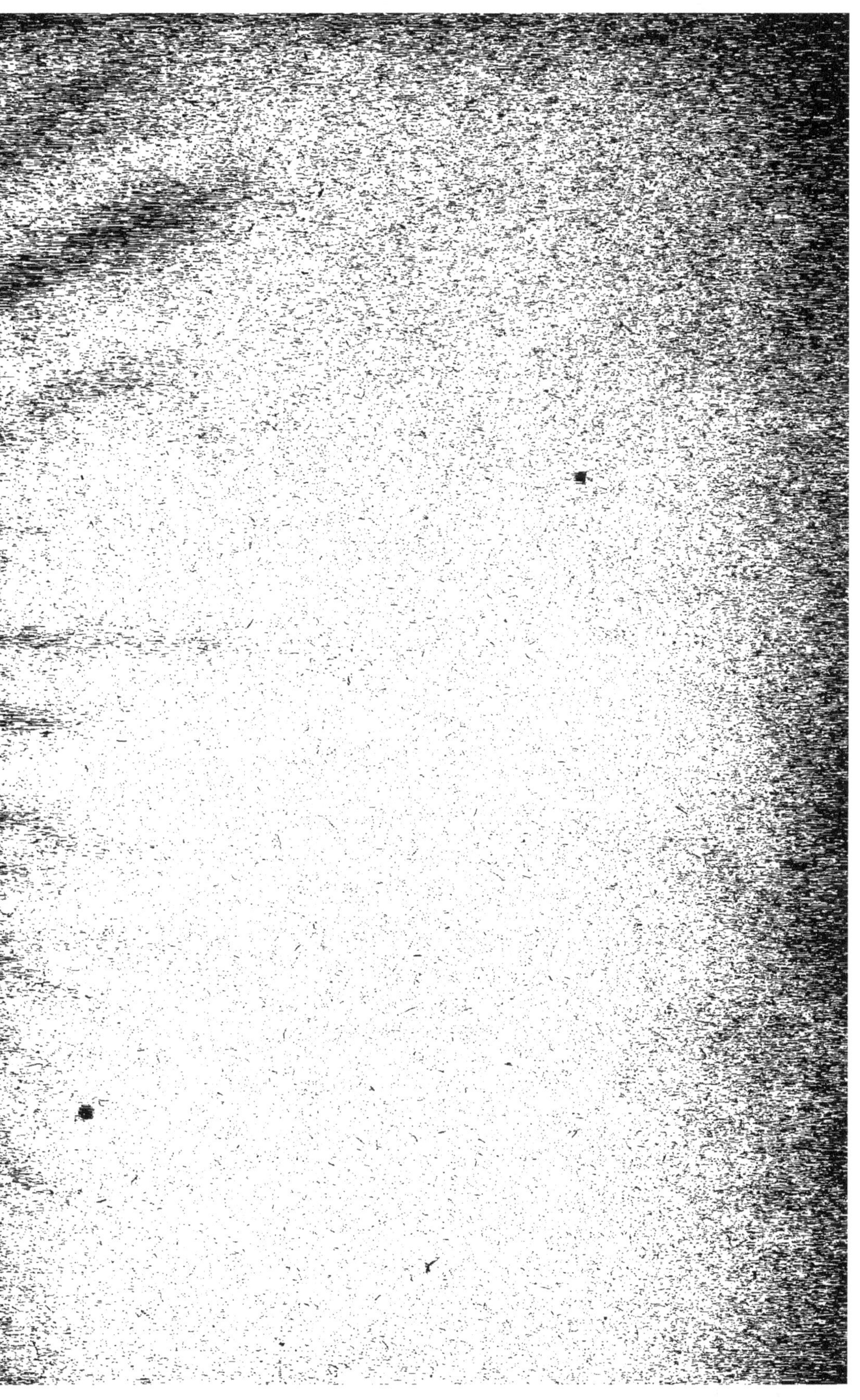